諷詩調 · 15

# 物神時代 · Ⅳ

박진환 제33시집

지성 · 감성의 메타언어
조선문학시인선 · 295

諷詩調 · 15

# 物神時代 · Ⅳ

조선문학사

## ▌책머리에

연작 『物神時代』 네번째로 100여 편을 함께 묶는다.

풍시조에 나타난 레토릭을 중심으로 『物神時代』를 조명해 주신 최규철 문학평론가에게 감사를 드린다.

2011년 初夏

박 진 환

박진환 제33시집 / 諷詩調 · 15

# 物神時代 · Ⅳ

차례

책머리에 · 5

物神時代 · 340 · 13
物神時代 · 341 · 14
物神時代 · 342 · 15
物神時代 · 343 · 16
物神時代 · 344 · 17
物神時代 · 345 · 18
物神時代 · 346 · 19
物神時代 · 347 · 20
物神時代 · 348 · 21
物神時代 · 349 · 22
物神時代 · 350 · 23
物神時代 · 351 · 24
物神時代 · 352 · 25
物神時代 · 353 · 26
物神時代 · 354 · 27
物神時代 · 355 · 28
物神時代 · 356 · 29
物神時代 · 357 · 30
物神時代 · 358 · 31
物神時代 · 359 · 32
物神時代 · 360 · 33

물신시대 · 361 · 34
물신시대 · 362 · 35
물신시대 · 363 · 36
물신시대 · 364 · 37
물신시대 · 365 · 38
물신시대 · 366 · 39
물신시대 · 367 · 40
물신시대 · 368 · 41
물신시대 · 369 · 42
물신시대 · 370 · 43
물신시대 · 371 · 44
물신시대 · 372 · 45
물신시대 · 373 · 46
물신시대 · 374 · 47
물신시대 · 375 · 48
물신시대 · 376 · 49
물신시대 · 377 · 50
물신시대 · 378 · 51
물신시대 · 379 · 52
물신시대 · 380 · 53
물신시대 · 381 · 54
물신시대 · 382 · 55
물신시대 · 383 · 56
물신시대 · 384 · 57
물신시대 · 385 · 58
물신시대 · 386 · 59
물신시대 · 387 · 60
물신시대 · 388 · 61
물신시대 · 389 · 62

物神時代 · 390 · 63
物神時代 · 391 · 64
物神時代 · 392 · 65
物神時代 · 393 · 66
物神時代 · 394 · 67
物神時代 · 395 · 68
物神時代 · 396 · 69
物神時代 · 397 · 70
物神時代 · 398 · 71
物神時代 · 399 · 72
物神時代 · 400 · 73
物神時代 · 401 · 74
物神時代 · 402 · 75
物神時代 · 403 · 76
物神時代 · 404 · 77
物神時代 · 405 · 78
物神時代 · 406 · 79
物神時代 · 407 · 80
物神時代 · 408 · 81
物神時代 · 409 · 82
物神時代 · 410 · 83
物神時代 · 411 · 84
物神時代 · 412 · 85
物神時代 · 413 · 86
物神時代 · 414 · 87
物神時代 · 415 · 88
物神時代 · 416 · 89
物神時代 · 417 · 90
物神時代 · 418 · 91

物神時代 · 419 · 92
物神時代 · 420 · 93
物神時代 · 421 · 94
物神時代 · 422 · 95
物神時代 · 423 · 96
物神時代 · 424 · 97
物神時代 · 425 · 98
物神時代 · 426 · 99
物神時代 · 427 · 100
物神時代 · 428 · 101
物神時代 · 429 · 102
物神時代 · 430 · 103
物神時代 · 431 · 104
物神時代 · 432 · 105
物神時代 · 433 · 106
物神時代 · 434 · 107
物神時代 · 435 · 108
物神時代 · 436 · 109
物神時代 · 437 · 110
物神時代 · 438 · 111
物神時代 · 439 · 112
物神時代 · 440 · 113
物神時代 · 441 · 114
物神時代 · 442 · 115
物神時代 · 443 · 116

## 諷詩調論

최규철 / 諷詩調에 나타난 형이상시의 수사법 · 117

## 物神時代 · 340

사랑에다 사랑보태기 하면
미움에다 미움 빼기하면 무슨 답이 나올까?
답이 없지, 셈본 책엔 그런 공식이 없거든

## 物神時代 · 341

3천만 동포는 옛말, 지금은 남녘 인구만 5천만시대
출산기피에 노인인구증가로 바야흐로 고령화 시대
고령화시대라! 오래 살아 좋겠다만 행여 고려장신세 안될지

# 物神時代 · 342

중국 차기 주석 習近平이 맡는다던데 성명풀이나 해볼까
習은 學也요, 近은 不遠也요, 平은 正 · 和 · 治也이니
바르고 화평하게 다스림 익혀 가까이한단 뜻이거니, 이름값 하소

## 物神時代 · 343

G20이 별건가, G · 之 · 至 · 知자로 놀아봐
갈之자 앞세우고 이를至에 도달하면 G가 뭔지 알知
G· 之· 至· 知로 놀다보면 大韓民國, 한국보다 더 큰 大國돼

# 物神時代 · 344

선진국 미군이 모여 사는 캠프 캐럴에도
높은 양반들 사는 금감원에도 풍기느니 구린내
땅속엔 독극물, 마음속엔 동취, 코 성한 게 죄여서

## 物神時代 · 345

뭐가 그리 높다고 하이 서울이여? 으뜸 도시 으뜸 시민?
아니면 으뜸 좋아하다 진 빚이 으뜸이어서 하이인가?
아이고론 못 토해낸 한숨, 하이고로 내 뱉으니 하이는 하이네

# 物神時代 · 346

일간신문발행 부수 OECD 국가 중 5위로 최상위권

문제는 내용인데 많이 찍을수록 부끄러움 덧칠돼

정치 불협 화음에 성범죄, 살인강도 천국의 파라다이스여서

## 物神時代 · 347

인권권익 상임위원이면 차관과 맞먹는 자리라던데
하고 싶어도 못하는 선망의 자릴 헌신짝 버리듯 버리다니
장관도 못세운 마음의 기둥, 제대로 세우고 사신 분도 있었구나

## 物神時代 · 348

독도는 한국과, 釣魚島는 중국과, 쿠릴열도는 러시아와
영유권분쟁 놓고 제대로 상대 만났다고들 하던데
저러다 螳螂博蟬 자초하지나 않을지

* 당랑박선(螳螂博蟬) : 후한시에 나오는 말로 눈앞에 보이는 욕심에만 눈이 어두워 덤비다 정작 제게 닥치는 위험은 모르고 있다가 큰 재난을 만난다는 말.

## 物神時代 · 349

미 중간선거 민주당 오바마정부 패배로 끝나
이기건 지건, 강 건너 불구경이면 그만인 것을
왜서일까? 남의일 같지가 않아서

# 物神時代 · 350

G20의 G는 집단이란 Group을 뜻하는데
혹자 Global로 착각, 세계정상회의 쯤으로 확대해석하기도
그보다는 세계 최강대국을 지칭하며 은근히 Great 즐기고

## 物神時代 · 351

소문난 잔치에 먹을 것 없다는 우리 속담이 있지
G20 잔치, 식성좋은 나라들의 독식 아니면 젯상에 재 뿌리기
아무래도 중 · 미 차지 제하고 나면 남은 게 없을 것 같아서

## 物神時代 · 352

대포 폰에, 민간인 사찰에, 몸통 제기까지 설 분분
일찍이 알랑 왈, 권력에는 복종, 정신에는 是認뿐이라 했던데
복종은 있으나 是認은 없는 곳이 어디더라

## 物神時代 · 353

누구든지 자기의 銅貨를 金貨로 생각한다는 영국 금언 있지
그보다 더한 鐵을 金으로 아는 금배지 선량들도 있지
그뿐인가, 한 술 더 뜬 G2가 보여준 달러와 위안화도 그러던데

# 物神時代 · 354

아마도 유사 이래 그중 귀하고 큰 손님맞이가 G20 아닐까
2중3중 울타리치고 파수꾼·술례꾼까지 세우고 정중히맞은 손들
헌데 얽힌 이해관계 풀다보면 행여 客反爲主격 안 될지

* 객반위주(客反爲主) : 손님이 도리어 주인행세를 한다는 뜻.

## 物神時代 · 355

미국은 달러 풀고, 일본은 엔화 푼다는데
우리는 무얼 풀까? 없어 못 풀면 그만이지만
풀어 던진 그물코에 걸려 파닥거리는 신세나 안 될지

## 物神時代 · 356

좋아서 스스로 선택, 狂人 자칭하며 애정을 쏟았건만
物神에 밀려 정신 가치가 부질없음이 된 이 시대
펜으로 풍요를 경작하고자 했던 문필가, 捉蟹放水였나니

* 착해방수(捉蟹放水) : 애만 쓰고 소득이 없음을 비유적으로 쓴 말.

## 物神時代 · 357

物神時代의 주어진 惡, 악의 신앙인 물질
구세주는 정신인데 악에 팔려갔으니 구원불가
그걸 몰랐구나, 불가 뒤에 佛家가 있다는 걸

## 物神時代 · 358

吮癰舐痔란 말 잘 모를거야
종기의 고름을 빨고 치질 앓는 그 밑을 핥는다는 말이지
더럽지? 헌데 더 더러운 것은 말뜻 뒤에 있는 아첨이거든

* 연옹지치(吮癰舐痔) : 지나친 아첨을 비꼬아 하는 말로서 종기의 고름을 빨고, 치질 앓는 밑을 핥는다는 뜻.

## 物神時代 · 359

+자를 내건 교회가 더 많은지 약국이 더 많은지는 모른다
아는 것은 이승에서 저승으로 가는 길의 표지라는 것 뿐
하나 더 아는 것은 物神에 유형된 정신이 짊어진 등짐이라는 것

## 物神時代 · 360

집을 짓고 길을 내기 위해 긋는 선은 외먹선이다
겨울의 깊이, 설원의 거리 척도도 寒鴉가 긋고 가는 외먹선이다
다만 물신이 가둔 정신의 경계에 긋는 선·악의 선만 쌍먹선이다

## 物神時代 · 361

양상군자는 도둑놈이긴 허나 마음의 귀가 열린 놈이다
같은 도둑이면서 쥐란놈은 소리만 듣는 귀를 둘 가지고 있다
귀를 둘 가지고도 소리를 듣지 못하는 이 시대의 도둑놈들

## 物神時代 · 362

빈한하면서 원망하지 않기는 어렵고
부유하면서 교만하지 않기는 쉽지 않다는 공자의 말씀인데
어쩌지, 물신시대의 원망과 교만은 공자의 말씀과는 다르니

## 物神時代 · 363

부는 분뇨와 같아 축적돼 있으면 악취를 풍기고
뿌리면 흙이 비옥해진다는 톨스토이 말씀 명언이긴 하나
물신시대엔 축적되면 황금이 되고 뿌리면 흙마저 금이 되나니

## 物神時代 · 364

상것들 세상이 무슨 자랑이라고 상놈의 세상 운운 해쌌냐
의식족이지예절이라고 먹고살기 풍족하면 양반세상 되는 것을
헌데 어쩌지, 요즘 세상 상놈 보다 걸신 들린 놈이 더 많아서

* 의식족이지예절(衣食足而知禮節) : 먹고사는 것이 풍족해야 예절 또한 좇는다는 뜻으로 넉넉해야 인사체면을 차릴 수 있다다는 말.

# 物神時代 · 365

시인 李箱은 새鳥자에서 새의 눈격인 획 하나를 뽑아버린
가마귀 烏자로 鳥瞰圖를 烏瞰圖로 둔갑시켜 세상을 먹칠했지
마음의 눈이 뽑혀버린 물신시대, 어둠 직시한 혜안 李箱이 그립다

## 物神時代 · 366

정신의 기초는 물질 아닌 정신이란 영국속담 누군 모르나
헌데 삶은 기초만이 아니라 삶 자체가 물신이거든
정신의 값어치론 밥못먹으니 당연한 이치지

## 物神時代 · 367

정직만큼 풍부한 유산은 없다는 沙翁의 말씀 믿어도 될까요
요즘 세상에선 정직으론 유산은커녕 밥먹기도 힘들거든요
物神의 법칙엔 정직이란 조항이 없거든요

## 物神時代 · 368

세상이 하도 잘난놈들 묶이어서 못나게 굴다간 낙오자 못 면해
못나도 잘난 척, 없어도 있는척 물신시대엔 척으로 살아야해
오죽했으면 옛분들 소꼬리보다 닭대가리가 낫다했겠나

## 物神時代 · 369

돈이라면 신도 웃는다는 말, 돈으로 신도 웃길 수 있다는 뜻
뜻대로라면 신도 운다는 말, 돈으로 신도 울릴 수 있다는 뜻
신을 웃고 울릴 수 있는 두 얼굴의 신이 곧 돈이거든

# 物神時代 · 370

찜방주인이 정부보다 낫다고 한 연평도 난민들 말

조기발라먹고 버린 가시 그 말속에 돋혀 있었네

포탄에 상하고 가시에 찔리고, 이래저래 만신창이 못면한 정부

## 物神時代 · 371

전쟁 후 평화가 국민에게 안겨준 것
세금 · 과부 · 의족 그리고 빚더미라는 무어의 말씀
무어 선생 살아계셨더라면 KBS TV 프로에 초청했을 텐데

## 物神時代 · 372

전쟁은 악한 자보다 선량한 자만 학살한다는 소포클레스의 말
옛분의 말씀이 어찌 현대에도 명언이 될까
북녘 큰 선생과 작은 서방님, 이 말씀 들어본 적 있소

## 物神時代 · 373

공성약지란 옛말 삼국시절에나 쓰던 말인데
요즘이 어떤 세상인데 북녘 포 포탄세례 퍼붓나
성 뺏기는커녕 지키고 있는 성이나 빼앗기지 말라구

* 공성약지(攻城略地) : 성을 치고 땅을 점령함.

## 物神時代 · 374

별 수고로울 것도 없는 삶이라 積勞成疾은 가당찮고
딱히 所患이 있는 것도 아니어서 그렁저렁 살아가는데
이놈 고뿔아, 납작코도 억울한데 왜 괴롭혀, 코쟁이한테나 가지

* 적로성질(積勞成疾) : 오랜 수고 끝에 병을 앓는다는 말. 소환(所患) : 자기에게 병이 있는 것.

## 物神時代 · 375

한 · 미 · 일, 조지 워싱턴호 서해 배치하면 최선의 전략인데
중 · 북 · 러 · 최선은 무슨, 최악의 선택이지
최선 · 최악의 앙숙으로 마주 서 있는 김 · 이

## 物神時代 · 376

칼은 칼로, 미사일은 미사일로, 핵은 핵으로 맞받아쳐야 해
힘의 균형 무너지면 한쪽은 밀리기 마련
헌데 어쩐다, 그 중 힘다운 것이 핵인데 핵을 갖지 못했으니

## 物神時代 · 377

강자는 이기고 약자는 진다, 평범한 상식이라고?
천만에, 이는 우주질서요, 자연의 법칙이요, 생의 등식인 것을
만고의 이 진리를 상식이라니, 모르면 입 닥치라고

## 物神時代 · 378

명언이란 사리에는 물론 어느 시대에고 맞아떨어지는 말
그런 말 중에 소 잃고 외양간 고친다는 우리말 있지
연평도 요새화란 말이 바로 그 말 인기여

## 物神時代 · 379

OECD 국가 중 항생제 사용 코리아가 최상위
약발이 안 받아서일까, 체질이 달라서일까?
허긴, 노린내 나는 체질과 풀뿌리체질이 약발 같을 순 없음이지

## 物神時代 · 380

통일 멀지 않았다는 나랏님 말씀 믿어도 될까?
가깝고도 먼 것이 북녘이서 멀지 않다는 말 허사 같기만
말이 씨 된다고 그랬음 좋으련만, 글쎄 씨가 되어 싹이나 틀지?

## 物神時代 · 381

아이들은 싸우면서 크지만 어른들 싸움은 피 흘리기 마련
피가 피를 부르는 조폭들 싸움도 다를 바 없지만
여의도 특설링, 여 · 야 패싸움은 사람아닌 나라가 피 흘려서

## 物神時代 · 382

절이 어디 강에 있던가, 산에 있지
헌데 산말은 한마디도 없고 강강 사대강 타령만 하니
樂山者 어찌 樂水者에게 등 안보이겠나

## 物神時代 · 383

연평도는 조기주산지가 아닌 공포우산을 쓴 독버섯지대
평평터지는 포탄도 자운의 독버섯으로 하늘에 피어나던데
이러다 전국토 독버섯지대되면 독성에 전신마비 안될지

## 物神時代 · 384

불교본산 조계종에 크리스마스트리가 세워졌다는데
여야 의원님들, 한번들 가보세요, 화합 · 이타정신 특강
월사금 없이 가르치는 무료 무언 설법 들을 수 있거든요

## 物神時代 · 385

전국토가 발병지대 소돼지, 닭들 죄다 구제역에 감염돼 생매장
이러다 고기 맛에 길들여진 입맛들 풀뿌리로 바꿔야 할판
히히히, 빙그레 짓는 미소 따라 연화도 벙글것네

## 物神時代 · 386

세계의 역학, 코리아를 중심축으로 돌아가고 있는데
그러다 핵의 태풍지대나 안될지? 태풍에 말려 초토화나 안될지?
남북에 하나씩 나누어 찍혀 있는 두 의문부

## 物神時代 · 387

낚시에 입갑 끼워 걸려들 월척 기다리는데
입질만 되풀이하다 꼬리치며 약 올리다 수역 밖으로 내빼는
흡사 비슷한 꼴 연평도 낚시터에 가보면 구경하지

## 物神時代 · 388

한손으로 또 한손을 씻어라, 안 그러면 양손이 더러워진다
영국 속담, 북녘에도 딱 맞는 말이네
김선생, 양손 쓰게 됐으니 오욕 씻을 수 있지 않겠나

## 物神時代 · 389

송구영신, 근하신년, 듣기 좋은 덕담이긴 하지만
딱히 보낼 것도, 딱히 맞을 것도 없는 삶이니
좋은 글, 맛있는 술, 건강한 몸 벗하고 살면 三樂아닐까

# 物神時代 · 390

북녘 김 위원장 코는 요술쟁이 코
방중 때는 납작코였다가 돌아오면 양코배기코 돼
허긴 콧대란 것이 믿는 구석이 있어야 높아지는 법이어서

## 物神時代 · 391

物神도 신이고 精神도 신이다
둘 다 가졌으니 인간은 신중의 神이다
가진 두 얼굴 그것이 신의 모습이다

## 物神時代 · 392

KTX 사고 너트 탓하지 마라
우리네 정신무장 나사 풀린지 이미오래거니, 그 뿐이면 좋게
정치 · 경제 · 사회 · 문화 도처마다 너트 풀려있는데

## 物神時代 · 393

돌로 깨도 까딱없는 단단히 결빙된 냉풍기에
物神物神 썩어 문드러져 냉장고에 넣어 놓을 수도 없는
육신보다 더 썩어 더러운 것이 양심이란걸 아시나요

## 物神時代 · 394

기차는 칙칙폭폭 달리다 넘어지고, 눈은 푹신푹신 폭폭 빠지고
물가는 껑충껑충 뛰어오르고, 정치 기싸움은 찌지직 금이가고
세상 이리 팍팍해도 만초들 자랑삼아 "그래도 자살율 1윈디"

# 物神時代 · 395

광복 직후 구린내 천지라고 버리려던 한반도
한반도 버렸으면 구린대로 끝났을 걸, 지금은 죽음의 냄새 천지
독극물 고엽제 송장 신세 못면한 코리아가 그래

## 物神時代 · 396

삼한사온 옛말 돼버린지 오래 지금은 삼혹사한의 혹한지대
절기 맞춰 그럭저럭 꽃은 피겠지만
사계가 없는 엄동설한의 정치계절 봄은커녕 해동이나 할는지

## 物神時代 · 397

아름다운 이는 머문자리도 아름답다는 화장실 벽문
추한이는 머문자리도 추하다는 이치니 똥보다 더럽다는 뜻
독극물 매장으로 추악의 극치된 미군 머문 자리가 그래

## 物神時代 · 398

광명 KTX 열차사고 너트 하나가 풀려서 였다던데
글쎄, 너트 풀린 곳이 어디 고속 철도 뿐이겠는가
정치 · 경제는 그만두고 제마다 마음의 너트 죄다 풀고 사는데

## 物神時代 · 399

짜가에 짝퉁에 줏가 승부 대출 조작에 사기까지
세상이 온통 부정부패에 때 안 묻은 놈 없는 판국인데
손 못쓰고 있는 걸보면 염라대왕도 뇌물을 잡수신 모양

## 物神時代 · 400

꼴찌였으면 싶은 건 1위이고, 1위이고 싶은 건 꼴찌
OECD국가중 자살율1위가 그러하고, 꼴찌 독서율이 또한 그러하고
꼴찌 꼬리 잘라 내지 못한 꼬리아가 또한 그러하고

## 物神時代 · 401

OECD 국가중 자살율 최상위가 코리아
불행한 나라여서 그런다고?
천만의 말씀, 뛰어내리기 좋은, 아파트가 높아서 그래

## 物神時代 · 402

북녘 콧대 세워준 건 핵, 핵보다 더 콧대 높여준 건 나진 항
핵으론 미에, 나진항으로 중에 납작코 세워 콧대 높이니
코쟁이들에 눌려 사는 처지들 부럽겠네 부러워

## 物神時代 · 403

일찍이 테니슨은 자살하는 힘을 자진 자는 행복하다 했고
까뮈는 자살을 인생패배의 고백이라했던데 코리아의 자살은
힘의 과시인가 패배의 고백인가, 그게 문제여서

## 物神時代 · 404

패자는 말이 없는 법이라는데
패자에게도 전매특허품 極口發明있지
내 사전엔 '副'자가 없었던걸 미처몰랐다는 내 특허품도 그래

* 극구발명(極口發明) : 온갖 말을 동원, 변명한다는 뜻으로 쓰이는 말.

## 物神時代 · 405

법은 만인 앞에 공평하다고? 헛소리마
법은 가난한자를 학대하고, 부자는 법을 지배하거든
골드스미트에게 물어봐, 헛소린지 아닌지

## 物神時代 · 406

나랏님, 기회있을때마다 저탄소 녹색운동 그린그린 하시던데
산업일선에선 미 · 중도 시행연기중이라며 연기에 유보론까지
허긴 허언으로 끝난 나랏님 말씀이 한둘이던가

## 物神時代 · 407

개헌은 국회의 몫이라면서도 MB 개헌 화두 앞세우던데
잘못됐으면 고쳐야겠지만 고친 것만이 능사는 아니거든
이 땅의 정치풍토, 개악만도 못한 개선이 더 많아서

## 物神時代 · 408

고 스톱 3색 신호등 빛깔 휘황 찬란 고왔지만
웬 걸 청 아니면 적 좋아하는 흑적 여론에 밀려
삼색 신호등 구실도 제대로 못해보고 스톱으로 끝났으니

# 物神時代 · 409

사르코지가 살꾲이 좋아했다면 이름 값 한 건데
칸은 영 아니거든, 허나 뭔가 이유가 있을법한데
하, 그렇구나, 보양도시 칸에서 살찐 그것 주체 못해 그랬구먼

## 物神時代 · 410

G 20 정상회의에 G 20 국회의장 회의까지, 회의론 1등감이다만
어쩌지, 1등 아닌 꼴찌가 하도 많아서
자랑도 좋다만 편싸움 몸싸움 삿바싸움이나 안 배워갔을지

## 物神時代 · 411

품종 개량할 생각은 않고 종자만 탓한 농부가 있다면 낙오자다
살아갈 궁리는 안하고 세상탓만 하는 것도 이시대의 낙오자다
낙오자 안되려면 '탓'자 쐬죽이는 살인자가 되라

## 物神時代 · 412

물이 맑으면 고기떼가 스스로 모여들 듯
덕을 베풀면 찾아오는 발걸음으로 문전성시를 이루는 법인데
큰 대문 외면하고 광화문 시청 앞 청계광장만 인산인해 이루데

# 物神時代 · 413

정복되지 않는 암 · 에이즈와 같은 병은 분명 두려움이다
이 두려움의 발병지대에 살면서
두려움을 모르고 벗하는 신종 고독 · 물신 · 탐욕 · 이기라는 병

## 物神時代 · 414

物神의 잣대로 재면 행복은 황금이다
정신의 잣대로 재면 불행도 황금이다
둘 다 황금이니 나눠가지면 행 불행 이꼴이 아닌가

## 物神時代 · 415

비우면 채우고, 채우면 다시 비우듯이
비우고 채움이 둘이 아닌 하나인 것을
비울 줄은 모르고 채우려고 환장하니 배터져 죽지

## 物神時代 · 416

노린내나는 미 쇠고기 코리아가 최고 수입국
그러다 얼굴에도 생각에도 노랗게 황달기 안들지
얼굴은 그렇다치고 생각에 황달기 들면 백약이 무효여서

# 物神時代 · 417

당랑박선(螳螂博蟬)이라 했던가, 옛 분들 말씀 허사가 아닌 것이
눈앞의 이익에만 혈안이 돼 그르친 일 어디 한 둘이던가
앞 못보는 불행으로 면한 재난이 되레 행복이거니

* 螳螂博蟬 : 눈 앞에 보이는 욕심에만 눈이 어두워 덤비다 자신에게 닥쳐 오는 위험을 몰라 큰 재난을 당한다는 뜻.

## 物神時代 ·418

위국충성(爲國忠誠)이란 옛 분들 말씀 허사 같다
위주충성(爲主忠誠)에도 식상했는지
백성들 예야부력(隸也不力)으로 등 돌리니

* 예야부력(隸也不力) : 노예가 힘을 다하지 않는다는 뜻으로 백성들이 나라와 임금에게 충성을 다하지 않음을 이르는 말.

## 物神時代 · 419

농협 전산망 사고 주범 북녘이라데
어째서 악역만 골라 골라 저지르는지
헌데 왜? 간첩 뒤집어씌우면 오케이던 시절 떠오르지

## 物神時代 · 420

황사로 가려운 머리 세발하려 보일러 켰더니
석유로 머리 감냐, 외마딧 소리
겨우내 찬물세수 미용에 좋다더니 봄 돼도 그 버릇 그대로냐?

## 物神時代 · 421

박연차, 박연호 연자 동항렬이나 아닌지 몰라
돈 씀씀이 비슷한걸 보면 딱 닮았거든
딱 안 닮은 박씨도 있지, 돈 없어 바가지 찬 박씨

# 物神時代 · 422

궁금한 일 생겼네
후세인 · 빈라덴 처치했으니 다음 차례 안 있겠나
카 씨일까? 김 씨일까? 아직 못 정했을까?

## 物神時代 · 423

저울추 눈금 읽을 줄 아는 놈 치고 황금에 눈 안 뒤집힌 놈 없어
골비고 속 빈 놈일수록 뒤집힌 채 바로 뜨지 못하는 눈
바람에 업혀 온 황사도 황자 돌림이라고 눈에피 도지네

## 物神時代 · 424

오 사마
빈소도 차릴 수 없는
오 사망

## 物神時代 · 425

오바마 오사마 오자 돌림 동항렬 사촌인줄 알았는데
웬걸, 죽이고 죽는 원수지간
그래도 테러란 혈통은 다르지 않아서

## 物神時代 · 426

세상이 온통 가면을 쓰고 사는 도깨비 소굴, 쌩얼 볼 수 없어
제마다 인면수심 인두겁으로 가리고 살아가거든
황사 덕에 마스크 썼더니 내자왈 "오랜만에 진짜 얼굴 보네"

## 物神時代 · 427

나랏님 정치 잘한다가 35%, 나머지 65%는?
차라리 잘못한다 매들면 다행인데 그게 아닌 유식한 말로
가이동가이서*거나 치지물문*이면 어쩌나, 시쳇말로 왕딴데

* 가이동가이서(可以東可以西) : 동쪽이라도 좋고 서쪽이라도 좋다는 뜻이니 아무래도 상관없다는 말.

* 치지물문(置之勿問) : 내버려두고 묻지도 않는다는 뜻이니 무관심으로 외면한다는 말.

## 物神時代 · 428

나랏님 왈 민심이 무섭다, 국민이 정확했다 하셨던데 이는 천심 무서운 줄 알고 정치정답 국민에게서 나온다는 뜻 진작에 이를 알았어야 했는데, 그나마 뒤늦게 깨달았으니 다행

## 物神時代 · 429

끗발없는 놈들 어디 살겠느냐며 저축은 예금주들 외쳐대는 함성
정작 귀담아 들어야 할 금감원 귀머거리 행세했다니
믿을놈 씨가 말라버린 세상살아서 뭘해, 그래서 자살율 1윈게야

## 物神時代 · 430

OECD 국가 중 자살율 1위 언제적 이야긴데 여직도 1위
부동의 만년 1위, 자랑이냐 창피냐 지금 코리아의 화두는
자랑도, 창피도, 자살도, 살자도 아닌 꼴찌이고 싶다

# 物神時代 · 431

詩三百이면 思無邪라는데 詩三千으로도 思有邪니
聖人의 말씀 잘못이었을리 없고 내 詩가 잘못되었음이다
無자 외면하고 有자 가까이 했음이니 無와 더 멀어질밖에

## 物神時代 · 432

사람들은 가진 것 버리기보다 없는 것 채우기를 더 좋아한다
가진 것 버리면 無, 없는 것 채우면 有
아하, 思無邪 思有邪가 그러하구나

## 物神時代 · 433

공자의 思無邪의 無는 올바르지 않음이 없음이니
바름을 좇고 그릇을 버렸음과 같다
無를 좇아 벗하는 思無邪, 헌데 한사코 思有邪가 벗하자 하니

## 物神時代 · 434

無가 곧 신앙이고 구원이고 종교인 無敎
경전은 思無邪
읽고 쓰고 믿고 좇아도 없어지지 않는, 경전에는 없는 思有邪

## 物神時代 · 435

無벗하고 좇으면 思無邪에 가 닿을까
닿아 邪버리고 無에 가 닿을 수 있을까
알수 없어라, 無는 없음인데 어찌하여 없음을 버릴수 없는지

## 物神時代 · 436

사기꾼, 당신의 신앙, 당신의 종교, 당신의 구원
당신의 하나님은
악마의 전매특허품인 거짓말

## 物神時代 · 437

이론 거꾸로 하면 논리, 사촌간이네
연애 거꾸로 하면 애련, 애인간이네
거꾸로 해도 옳게 해도 南北은 한 핏줄인데 왜 상극일까

## 物神時代 · 438

과학 벨트 선정두고 국토 분열 벨트라 하던데
그걸 이제들 알았나, 남북에, 동서에, 영 · 호남에
민심이반까지 금간지 이미 오래인 것이 어디 한둘이던가

## 物神時代 · 439

태극기를 태국기로 잘못 쓴 장관 입방아에 오르던데
오기야 바로쓰면 그뿐, 바로쓰고도 행동 달리한 것보다야 낫지
바르게 쓰고 바르게 행동한 것보다야 못하지만

## 物神時代 · 440

체코대통령 공식외교석상에서 볼펜하나 슬쩍했다 웃음거리
허허, 웃을 일 아닌 것이 세계 정상들 해외 나들이 때마다
눈 · 귀 · 머리 · 가슴으로 훔쳐온 게 어디 한 둘이던가

## 物神時代 · 441

나로호, 한·러 합작이라더니 알고 보니 러시아 완제품 사온 것
실패였기 다행이지 성공해 자랑했더라면 혹세무민의 죄를 어찌해
거짓말은 노예와 군주의 종교라던데 이 땅에 새 교회당 생길라

* 혹세무민(惑世誣民) : 세상 사람을 미혹하여 속임.

## 物神時代 · 442

일 원폭 방출량 7등급 숨겨오다 뒤늦게 밝혀
행운의 길 수 럭키 세븐을 쉬쉬하고 감추다니
그러다 쉬쉬하던 입 럭키세븐으로 뻥 터지면 원폭 저리 가라여

## 物神時代 · 443

뇌물 · 도박 · 불법 자금 등 검은돈 신세 못 면한 신지폐 5만원권
민초들은 신주 모시듯 애지중지한 阿賭物인데
신자탓일까, 신사임당 얼굴은 물론 이땅의 婦德에도 먹칠을 해서

* 아도물(阿賭物) : 돈의 이칭.

# 諷詩調에 나타난 형이상시의 수사법

최 규 철(시인 · 문학평론가)

## 들어가는 말

어느 사회 학자는 '농경사회의 삶이 시간 잉여(時間剩餘)의 시대였다면 오늘날과 같은 정보화 사회는 시간 기근(饑饉)의 시대라' 했다. 그것은 그 정도로 오늘의 시대가 시간에 쫓기며 살아가는 고속화 시대를 맞이하고 있다는 것이다. 따라서 이러한 고속화 사회에 사는 현대인들의 문학작품에 대한 선호도도 역시 장편소설보다는 단편소설을, 장시보다는 단시를 더 선호하는 경향이 있다. 특히 시에 있어서 현대인들의 구미에 맞는 시는 짧으면서도 그 속에 다분한 내용을 함축함으로써 큰 감동을 주는 시라 하겠다. 이런 시대적 요구에 부응하는 시가 바로 박진환 시인이 착안하고 시운동을 전개하고 있는 諷詩調이다.

諷詩調의 기법은 형이상시의 레토릭(rhetoric)과 흡사한 면이 많다. 컨시트의 기발한 지적 놀라움, 서로 상반된 양극화의 결합과 그 조화, 역설과 반어(反語), 시의 순수한 통징을 통한 내적 울분의 해소와 사회 구조악(構造惡)의 개선 등이 바로 그것이다.

특히 3행시의 짧은 글 속에 함축된 내용과 그 여운을 담기 위해서는 압축적이고 생략적인 구문이 필요하다. 따라서 각 행의 전환 및 반전이 빠르게 전개되는 특색이 있다. 이것은 양극화의 긴장이 팽팽할수록 행과 행의 전환속도가 빠르고 생략과 압축의 미학이 더욱 살아난다.

필자는 그동안 지면을 통해서 3. 4회에 걸쳐 언급해온 諷詩調 시학에 대한 이론을 총괄하고 종합하여 주로 諷詩調의 형이상시적 유사성과 레토릭(rhetoric) 기법의 측면에서 접근해 보고자 한다.

## 1. 諷詩調의 순수한 통징

諷詩調는 일종의 풍자시의 성격을 띤 시라 하겠다. 풍자시의 사전적인 정의는 부정부패와 비리 현상과 모순 등을 다른 사물에 비유하여 폭로와 공격 일변도의 시를 말한다. 즉 풍자시라고 하는 한자가 풍자할 풍(諷) 찌를 자(刺)로 명시한 바와 같이 모든 죄악상을 어떤 사물로 빗대어 찔러 고통을 가하게 하는 일종의 보복성을 뜻하는 성격을 내포하고 있는 시가 대부분이다. 그러나 諷詩調에서 말하는 순수한 통징의 주된 목적은 諷詩調를 통해서 죄의 아픔을 느끼게 할 뿐만 아니라, 뉘우치고 돌이켜 새롭게 변화하게 하는 데 주력하는 시의 기능을 말한다. 다시 말하자면 죄의 부패성에 대해서 단순히 찌르고 고통을 가하게 하는 데 그치는 것이 아니라 메스를 가하고 수술을 함으로써 병을 낫게 하는 데 그 목적이 있음을 말한다.

그러나 여기서 주의 깊게 보아야 할 것은 수술을 가하되 고통을 없애게 하기 위해 마취제를 동시에 투여하는 방법을 취하고 있다는 사실이다. 즉 유머를 통해서 웃음을 주고 즐거움을 줌으로써 그 고언을 달게 받아들이고 소화시킬 수 있는 기능을 지녔다는 것이다. 諷詩調의 통징이야 말로 우리의 뇌에서 일종의 모르핀이나 엔도르핀과 같은 호르몬을 분비하게 함으로써 무통수술을 하게하고 오히려 미묘한 시적 희열을 주게 하는 절묘한 수술비법을 의미하고 있다. 諷詩調의 작가들은 이런 諷詩調의 순수한 통징의 특성을 숙지하고 이러한 순수한 통징의 기능을 살리는 데 노력해야 할 것이다. 諷詩調에서 이러한 순수한 통징이 살아있지 못한다면 그것은 諷詩調로서의 시적 역할을 다한 시라 볼 수가 없다. 諷詩調의 생명이 바로 여기에 있다 할 수 있기 때문이다.

참으로 諷詩調의 순수한 통징이야말로 오늘과 같은 종말론적인 징조를 토로하고 인류의 구원을 갈구하게 하는 시대적 사명의 성격을 띤 시라 하겠다. 현대사회는 갈수록 첨예한 양극화 조성으로 인한 양자구도의 대립상이 심화되고 있다. 오늘날 정치 경제 사회 문화 전반에 걸친 인류사회의 갈등과 분쟁이 바로 이런 극단적인 양극화 현상에서 오는 결과라 하겠다. 그렇다면 현대시가 어느 때까지 이를 외면하고 오히려 음풍농월(吟風弄月)만을 일삼아야 하겠는가. 시가 인생문제로 깊이 들어가서 이런 양극화 문제를 해소하고 하나로 융합하는 화해와 일치의 시학으로 발전해가야 할 것이 아닌가. 그러한 의미에서 諷詩調 운동의 필연성이 강조된다.

더욱이 환경오염으로 인한 생태계의 훼손과 대기오염으로 인한 오존층의 파괴, 그리고 지구 온난화에서 발생하는 엘니뇨현상 등으로 인류의 생존 문제에 심각한 적신호가 켜있다. 이런 각박한 상황에서 탈출하기 위한 녹색시학 운동의 전면에 諷詩調가 자리하고 있음을 알 수 있다.

시인은 예언자적인 예리한 눈을 자지고 미래사회의 변화를 직시하면서 오늘의 잘못된 과오를 지적 감동을 통해서 깨닫게 하는 순수한 통징에 무한한 관심을 쏟아야 한다.

세상이 왜 이러나 유행병처럼 자살 · 자살 · 자살
마음한번 고쳐 먹으면 살자 · 살자 · 살자가 되는데
뭐 그리 좋은 거라고 일편단심 자살이람
— 박진환의 「뭐 그리 좋은 거라고」

한국인의 자살률이 OECD 30개 회원국 가운데 1위를 기록하는 불명예를 안고 있다. 연예계의 인기 스타들과 대기업의 총수들이 잇따라 자살을 하고 심지어 전직 대통령까지도 스스로 목숨을 끊음으로써 사회적 충격이 크다.

박진환 시인의 諷詩調「뭐 그리 좋은 거라고」는 1행의 자살·자살·자살'이라고 하는 부정적인 죽음의 개념과, 2행의'살자·살자·살자'라고 하는 긍정적인 생명의 개념을 양극구도로 서로 거꾸로 뒤집어 대치해 놓음으로써 기발한 위트와 유머를 돋보이게 한다. 이러한 諷詩調의 기능이야말로 격한 자살충동을 완화시켜 줄 뿐 아니라 생에 대한 강력한 의욕까지도 유발하게 하는 시적 감동을 가능케 한다. 여기서 諷詩調의 풍자 속에 담고 있는 간절한 회심에의 바람이 '마음 한번 고쳐먹으면'이란 말로 표현되고 있다. 이것이 바로 諷詩調가 지닌 순수한 통징의 힘이다.

피를 빨아 먹는 모기 잡는데 의견이 분분하다
정치가 어떻고 법이 어떻고 대통령이 어떻고
입으로 모기잡나? F킬라를 뿌려야지
— 박진환의「입으로 모기 잡나」

이 시는 그 제목부터가 웃음을 터트리게 하는 유머가 있어 마음을 끈다. 이 시 속에 감추어 있는 암시성과 시사성(示唆性)이 모기와 F킬라라고 하는 기발한 메타포를 통해서 큰 감동을 준다. 정계와 법조계의 부패상을 바로잡는, 즉 '피를 빨아 먹는 모기를 잡는데'에는 입으로 하는 설왕설래(說往說來)로써는 근절될 수 없다는 것이다. 특히 수사법 중에서 변화법의 하나인 '입으로 모기잡나?'라고 하는 설의법으로써 F킬라라고 하는 정답을 독자에게 물어 찾아내게 하는 레토릭으로써 스스로 개혁의지를 촉발하게 하는 순수한 통징이 돋보인다. 찌르고 자르고 쪼게는 메스 질이 가해짐에도 불구하고 뇌에서 분비되는 모르핀을 통해서 즐거운 마음으로 웃고 수긍이 가능케 하는 회심과 변혁의 비법이 있다.

## 2. 諷詩調가 갖는 컨시트의 특색

형이상시의 컨시트(奇想, conceit)는 형이상시의 특징 중에서 가장 중요한 특징의 하나라 할 수 있다. 외견상 전혀 유사성이 없거나 상반되고 양극화된 사물이나 상황들을 재치 있고 기발한 방법으로 결합하여 소위 사무엘 존슨(Samuel Johnson)이 언급한 '부조화의 조화'를 이루게 하는 비유적인 수사법을 말한다.

그러나 諷詩調에서 보여주는 컨시트의 특색은 형이상시에서 말하는 그것과는 사뭇 다른 양태의 컨시트를 볼 수 있다. 3행시 구문의 생략적인 특성 때문에 행과 행, 낱말과 낱말, 심지어는 문자와 문자로부터 서로 상반된 사물이나 개념의 명칭과 발음 등을 찾아내고 거기서 특별한 의미성을 유추하여 또 다른 의미를 창출해내는 언어유희적인 기발한 컨시트를 선보이고 있다. 이런 관점에서 볼 때 諷詩調의 컨시트는 단순히 두 가지 사물이나 개념을 교묘하게 결합하여 뜻밖의 유사성을 찾는 기존의 형이상시의 컨시트와는 다른 특성을 지니고 있다고 하겠다.

대통령 국정평가 잘했다가 44.2% , 못했다가 41.1%
막상막하, 정치란 게 그래
上 뒤집으면 下되고, 下 뒤집으면 上 되거든
— 박진환의 「物神時代 · 216」

국민이면 누구나 알게 모르게 다 정치에 젖어 살면서 나름대로의 정치철학, 내지 생활철학을 가지고 있다. 그래서 3행에서 '정치린게 그래'라 토로한다. 이런 지적 깨달음을 풍자적으로 소화시켜 표현하기란 그리 쉬운 일은 아니다. 이런 이유 때문에 민감한 사안을 받아들여 유머로 웃어넘길 수 있고, 감동 받아 깨달음을 갖게 하는 諷詩調의 기법에 주목할 수밖에 없다. 그래서 諷詩調가 지적이며 문화적인 통징을 가져오게 하는 첩경이라 여겨진다.

이 시에서 놀라운 기지의 발산은 2~3행에 있다.'막상막하, 정치란게 그래 / 上 뒤집으면 下되고, 下 뒤집으면 上 되거든'에서 '막상막하(莫上莫下)'의 上과 下의 문자를 세웠다 뒤집었다 하면서 요동치는 정치판의 불안정성을 꼬집는, 재기(才氣)가 번득이는 컨시트를 선보이고 있다. 여기서 다만 上·下라고 하는 양극성의 문자를 가지고 세웠다 뒤집었다 하면서 엉뚱하게 결합한 결론이 「정치란게 그래」로 귀결한다. 이렇게 諷詩調의 컨시트는 동떨어진 개념이나 이미지를 결합하는 데 그치는 것이 아니라, 서로 상반된 단순한 두 개의 문자로써 새로운 제3의 개념을 형성하게 한다. 이런 관점에서 諷詩調의 컨시트는 보다 다양하고 발전된 성격의 것이라 볼 수 있다.

박지성 · 박주영의 꼴은 오 코리아
OECD국 중 환경평가 맨 꼴찌의 꼴은 어이쿠 코리아
둘다 꼴은 꼴이다마는 뒤엣 꼴은 노꼴만도 못해서
— 박진환의 「物神時代·191」

지금 지구촌은 환경오염으로 인해서 점차로 죽어가고 있는 실정인데 우리나라가 OECD국 중에서 환경평가 최하위라 한다. 이 시에서는 이런 실정을 풍자적으로 꼬집고 있는데, 1~2행에서는 축구의 '꼴인'과 환경평가의 '꼴찌'란 서로 유사성이 없는 언어들을 관련 지워 '오 코리아'와 '아이쿠 코리아'라는 서로 반대되는 개념의 언어로 대비시켰고, 3행에서는 꼴찌의'꼴'을'노꼴'이라는 상충·상반되는 개념과 연관시킴으로써 '둘다 꼴은 꼴이다마는 뒤엣 꼴은 노꼴만도 못해서'라는 순발력 있는 기지(wit)를 보여준다. 동시에 더 나가서는 축구의 '꼴'과 환경평가 꼴찌라는 '꼴'의 두 글자들을 교모하게 결합한 諷詩調의 컨시트의 진수를 보여주고 있다.

### 3. 諷詩調의 양극화 기법

또 한 가지 諷詩調에서 가장 두드러지게 나타나는 특징 중의 하나가 양극화 현상이다. 그러기 때문에 諷詩調의 컨시트는 동떨어지고 상반된 가장 먼 거리의 양극성을 폭력적으로 결합하는 과정이나 패러독스와 아이러니의 양면성에서 오는 강한 텐션이 諷詩調로 하여금 그만큼 응축된 의미의 비유가 되게 한다.

> 걸핏하면 여·야 율사들 발목잡느니, 발목잡히느니 해쌌는디
> 뿌리치고 혼자만 가려고 하니 그러지, 동행해봐, 왜 발목잡나
> 잡혀 부러지면 목발신세 못면해, 발목 거꾸로 해봐 목발이지
> — 박진환의「발목 거꾸로 하면 목발이지」의 전문

분쟁과 불화의 결과가 발목이 목발로 바뀌는 기발한 발상, 곧 생명체를 비생명체로 둔갑시키는 대담한 컨시트의 수사법이 놀라움을 준다. 그 외에도 여·야 율사들, 발목잡느니 발목잡히느니, 발목과 목발 등의 양극화가 이 諷詩調 전면에서 팽팽한 긴장을 조성시켜주고 있다, 거기다가 본래 여·야

가 대치하는 정치구도, 그것만으로도 양극의 역학관계를 유지하는 긴장상태인데 여기에 분쟁과 충돌이 생기면 발목이 목발이 되는 더욱 더 팽팽한 긴장관계를 촉발한다. 그래서 이 諷詩調는 웃기면서도 여 ·야가 정치적 협력관계를 잘 유지해야만 나라가 산다는 통징적인 메시지도 담고 있는 시이다.

> 악법·약법, 청문회, FTA로 여·야 붙어도 한판 크게 붙겠다
> 탓하지 말 것이 싸워야 국회답지 잠잠하면 그게 더 두려워
> 마찬가지야, 아이들도 싸움질하면서 크지 않던가
> — 박진환의 「아이들도 싸우면서 커」

이 諷詩調는 빈번히 일어나는 국회의원들의 성숙하지 못한 의결과정에서의 난투극을 한 마디로 꼬집은 시이다. 아이들이 싸우면서 커가듯이 국회의원들도 싸우면서 커가야만 하는가 하는 시인의 통탄이 곁들어있는 시이다. 가장 성숙해야 할 국회의원들과 가장 성숙하지 못한 나이인 어린이들의 양극현상을 동류부류로 간주하여 이질성 속의 유사성을 찾는 시인의 기지가 번쩍인다. 여기에는 양극간의 이질성이 유사성으로 바뀌는 과정에서 서로 잡아당기는 강력한 텐션도 드러나 있다. 「싸워야 국회답지」에서는 국회가 싸움판이 되어서야 되겠는가 하는 아이러니의 성격을 띤 레토릭도 있고 국회가 변화되기를 촉구하고 갈망하는 통징도 들어있다.

## 4. 諷詩調의 구조와 그 전환속도

형이상시에서와 마찬가지로 諷詩調에서도 생략된 구문을 씀으로써 의미의 탄력과 밀도를 더하게 하고, 또한 집약적 표현으로써 시의 단축을 꾀하는 기법을 강조한다. 그 결과 시 전개과정에서 그 전환 속도가 빨라지기 마련이다. 그래서 시의 구조가 3행시로 되어있고 따라서 행의 길이가 짧으면 짧을수록 생략적 효과가 살아나서 함축성이 있는 시가 된다.

諷詩調는 평시조(平時調)와 같은 초장 중장 종장의 3행 형식의 구조이면서도 3장 6구 12음보의 정형시에 매이지 않은 자유시요, 동시에 평시조보다 더 빠르고 생동감이 있는 기승전결(起承轉結)의 전개가 있다. 따라서 諷詩調의 함축성과 텐션을 살리기 위해서는 될 수 있는 대로 행의 자수(字數)를 줄이고 생략하는 것이 좋다.

침묵이 金이라고? 순 구식
요즘 세상에선 말 잘해야 출세해
신식으론 침묵은 禁이야
— 박진환의 「침묵은 禁이야」

1행의 金이 3행에서는 禁으로 바뀐다. 1행에서 침묵은 金이란 말은 구식이요, 3행에서는 침묵이 禁이란 말로 바뀐 것이 신식이라는 것이다. '요즘 세상에선 말 잘해야 출세해'라는 새로운 진리(?)를 발견하고 시대와 더불어 급속히 변하는 처세술의 격세지감을 실토한 시라 하겠다. 또 이 시 속에는 침묵이 금(金)이었던 옛 시대가 참이요 말을 잘해야 출세한다는 현 시대가 잘못된 것이라는 시사성(示唆性)이 들어 있다. 諷詩調가 그 짧은 시로써 현시대의 많은 모순과 부조리를 다 압축하여 표현할 수 있는 것은 오로지 3행시 속에 짧은 행으로 모든 것을 소화시킬 수 있는 수용성(受容性)과 빠른 전환기능을 지탱할 수 있는 메커니즘에서 온 것이다.

銅臭에 코피터진 놈이
銅醉로 게워내는 주정
뭘 쳐다봐, 너나 나나 다를 것이 없는데
— 박진환의 「物神時代 · 68」

이 시는 銅臭와 銅醉를 병치하고 3행에서 '뭘 쳐다봐, 너나 나나 다를 것이 없는데'로 동류화((同類化))시킨 해학적인 기법이 눈을 끈다. 銅臭란 말의 뜻은 돈으로 출세를 하려고 하거나 모든 것을 해결해 보려고 하는 물신주의자들을 낮잡아 하는 말인데 오늘날은 술로써 출세를 하려고 하거나 모든 문제를 해결하려고 하는 銅醉도 많다는 것이다. 銅臭와 銅醉의 내용이 담고 있는 절묘한 조화가 압축되어 이 짧은 諷詩調 한 편을 창구로 하여 오늘의 모든 시대상을 한 눈으로 볼 수 있다.

그러나 풍조시에서 행의 자수를 줄이고 표현의 생략적인 효과를 극대화하려는 경제적인 언어구사는 아무나 할 수 있는 것이 아니다. 허다한 諷詩調에서 발견할 수 있는 것은 행이 짧으면 그 표현과 의미성도 부실한 경우가 많다는 것이다. 따라서 諷詩調는 자수(字數)를 최소화 하면서도 그함축성을 최대화할 수 있는 기법이야말로 바로 諷詩調의 완성도를 높이는 첩경임을 알게 된다.

## 맺는 말

이상과 같이 諷詩調에서 보이는 수사법상의 기법이 형이상시의 그것과 유사한 점이 많다는 것을 알 수 있다. 그러나 그 구조적인 측면에서 볼 때 형이상시보다는 시가 짧고 컨시트도 형이상시보다는 언어유희의 측면에서 독특하고 문자유희의 면에서도 독보적인 경지를 보이고 있는 시라는 것이다. 諷詩調의 대부분이 명확한 양극화 구조로 되어 있고 상반되고 동떨어진 개념이나 사물을 결합하여 부조화의 조화를 이루고 있다. 또한 3행시의 짧은 시로서 생략적이고 압축적인 기법을 통해서 고도의 밀도감을 조성하기 위해 언어와 언어, 행과 행을 교합하여 전개되는 전환속도가 유달리 빠른 것도 그 특징 중의 하나라 하겠다. 이런 시의 특징 때문에 앞으로 諷詩調가 우리나라 문학의 한 장르를 이루고 발전하여 보다 큰 문학성을 발휘하는 날을 기대하여 마지않는다.

**박진환** 시인은 전남 해남 출신으로 동국대 국문학과를 거쳐 중앙대 대학원을 졸업(문학박사)했다. 1960년 동아일보 신춘문예(詩)·1963년 自由文學(문학평론)으로 문단에 데뷔했고, 국제PEN 한국본부 사무국장 및 이사를 역임했다. 제9회 시문학상, 제3회 비평문학상, 펜문학상, 윤동주문학상 등을 수상했으며 한서대학교 교수 및 예술대학원장을 역임했다, 현재 월간 『조선문학』 발행인 겸 주간으로 있다. 중요 저서로는 시집에 『귀로』, 『사랑법』, 『꽃시집』, 『三行詩抄』 I ~XI 『諷詩調』, 『박진환시전집 I·II·III』 등 33권의 시집이 있고 평론집으로는 『한국현대시인론』, 『현대시론』, 『21C시학과 시법』 등 다수와 『한국시의 공간구조연구』, 『21C 시학』, 『시창작론』 외 다수의 역저가 있다.

조선문학시인선·295

諷詩調·15

物神時代·IV

2011년 6월 20일 인쇄
2011년 6월 30일 발행

지은이 / 박진환
발행인 / 박진환
펴낸곳 / 조선문학사
등록번호 / 1-2733
주소 / 110—092 서울 서대문구 홍제2동 96-4
대표전화 / 730-2255
팩스 / 723-9373

ISBN 89-93614-61-9

정가 8,000원